AF609942

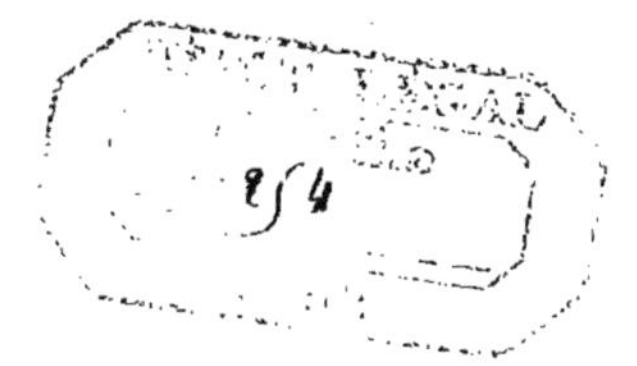

CINQ CHARTES INÉDITES

DE

L'ABBAYE DE BOUXIÈRES

PAR M. HENRI LEPAGE.

A la suite de ma notice sur l'abbaye de Bouxières[1], j'ai publié quelques chartes anciennes relatives à cette abbaye ; il en est d'autres que j'avais eu le regret de ne pouvoir que mentionner, d'après des inventaires qui en donnent l'analyse. Parmi ces dernières, j'en indiquais trois qui datent du xe siècle et une du xie, époques pour lesquelles les documents conservés dans nos Archives départementales sont généralement assez rares.

Aussi ai-je éprouvé une vive satisfaction lorsque, après avoir vu mon travail, un membre de l'Institut, M. Léopold Delisle, a bien voulu me révéler l'existence d'une partie de celles que je croyais perdues.

1. Nancy, L. Wiener, 1859 : — *Mémoires de la Société d'Archéologie*, seconde série, Ier vol.

Ce ne sont pas, il est vrai, les originaux qu'un heureux hasard m'a fait ainsi découvrir, mais seulement des copies de la fin du siècle dernier. Elles se trouvent à la Bibliothèque impériale, dans un recueil de pièces connu sous le nom de Collection Moreau[1], et ont été faites par Dom Hilaire de Puibusque. Ce religieux, qui était né à Nancy, fit profession chez les Bénédictins de Saint-Mihiel, le 20 juin 1757; en 1783, il était conventuel au Saint-Mont; peu après, il entra dans l'abbaye de Saint-Léopold, à Nancy, devint archiviste du chapitre de Bouxières, et fut, à ce qu'il paraît, chargé d'une sorte de mission scientifique, puisqu'il se qualifie d'archiviste, « destiné à la recherche des chartres et monuments concernant le droit public et l'histoire de la monarchie française ». En 1788, il explora les titres de l'abbaye de Bouxières et transcrivit, sans doute pour le recueil que Moreau avait été chargé de former, ceux qui lui parurent les plus intéressants.

Ses copies, quoique faites avec soin, laissent bien quelque chose à désirer; cependant elles n'en sont pas moins précieuses, et il m'a semblé utile de les mettre au jour pour compléter l'espèce de cartulaire qui accompagne ma notice. Je me suis contenté de les rectifier en plusieurs endroits, et de les faire précéder d'un commentaire portant principalement sur les renseignements géographiques qu'elles contiennent.

1. Moreau (Jacob-Nicolas), historiographe de France, né à Saint-Florentin en 1717, mort à Chambourcy, près de Saint-Germain-en-Laye, en 1803, auteur d'un grand nombre d'ouvrages littéraires, politiques et historiques, fut chargé par le gouvernement de rassembler les chartes, les monuments historiques, les édits et les déclarations qui avaient formé la legislation française depuis Charlemagne. C'est à cette occasion, sans doute, que fut formé le recueil de pièces auquel il a laissé son nom.

D'après l'époque où Dom Hilaire de Puibusque travailla dans les archives de Bouxières, il est permis de supposer que les documents qu'il eut sous les yeux furent détruits à la Révolution, ou peut-être sauvés avec une partie du trésor du chapitre. Dans ce dernier cas, que sont-ils devenus? on l'ignore complétement, et, en attendant qu'une circonstance inespérée les fasse retrouver, il faut s'estimer heureux d'en avoir pu obtenir une reproduction passablement satisfaisante.

Les copies que j'en possède ont été faites à la Bibliothèque impériale, par les soins de M. de Stadler, inspecteur général des Archives, et il y a tout lieu de garantir leur parfaite exactitude.

Les chartes en question sont au nombre de cinq : trois du xe siècle, une du xie et une du siècle suivant, laquelle est loin d'être dépourvue d'intérêt, malgré sa date relativement récente.

I. — La plus ancienne est de 923 ; elle est indiquée de la manière suivante dans le « Sommier contenant l'analyse des titres de l'insigne chapitre de Bouxières », conservé à la Bibliothèque publique de Nancy : « Lettres de saint » Gauzlin, données la seconde année de son pontificat et » la première du règne de Rodolphe, par lesquelles il » confirme certaines donations faites par Angelramne, son » archidiacre, à l'église de Notre-Dame et de Saint- » Etienne (la cathédrale de Toul), de tous ses biens situés » dans le Chaumontois, au village de Port-sur-Meurthe. »

L'intitulé placé en tête de la copie de Dom Hilaire de Puibusque n'est pas plus exact que le précédent ; il est ainsi conçu : « Charte de la donation précaire que fait » saint Gauzelin, évêque de Toul, à Angelramne et à Hu-

» non, son neveu, de l'église de Sazerey, leur vie durante, » moyennant un cens de 12 deniers. »

Voici quel est le vrai sens de cette pièce : Saint Gauzlin déclare qu'Angelramne lui a donné, pour son église, les choses qui étaient sa propriété ; savoir : au lieu nommé Port, dans les canton et comté du Chaumontois, sur le fleuve de Meurthe, deux manses avec les maisons et la terre en dépendant, cent journaux, des prés pour douze chars de foin, une forêt pour l'usage du bétail, dix-sept serfs, l'un avec sa femme et ses fils, l'autre avec sa femme ; à Saizerais, l'église dédiée à saint Amand et plusieurs serfs, dont quelques-uns avec leurs femmes et leurs enfants ; laquelle donation a été faite et acceptée sous la condition que, tant qu'ils vivront, Angelramne et Hunon, son neveu, jouiront de cette église et des serfs à titre d'usufruit, percevront les revenus de la terre sans pouvoir rien en diminuer ou aliéner, et paieront un cens annuel de douze deniers à la cathédrale de Toul, à qui, après leur mort, ces choses retourneront.

Deux localités seulement sont mentionnées dans cette charte : Saint-Nicolas, alors appelé Port (*Portus*), et Saizerais-Saint-Amand (*Sasiriaca*), l'un des deux villages qui forment aujourd'hui la commune de Saizerais. La mention de ces localités dès la première moitié du xe siècle, permet de faire remonter leur existence beaucoup plus haut, c'est-à-dire jusqu'à la période gallo-romaine, sans qu'il soit besoin, pour la dernière, d'attribuer à son nom l'étymologie de *Cæsareæ arces*, imaginée par quelques antiquaires. Qu'il y ait eu un camp romain dans le voisinage ; que son territoire ait été traversé par une voie antique, sur le bord de laquelle ont été trouvés des statuettes de Mercure, des restes de constructions, des armes, des monnaies, etc.; ces circonstances ne corroborent nullement l'étymologie, créée à plaisir, que je viens de rappeler, et je crois qu'il faut s'en tenir, pour la dénomination ancienne de ce village, à la forme qui lui est donnée dans le diplôme de saint Gauzlin, et qu'on trouve reproduite, avec de légères variantes, dans des documents postérieurs[1].

II. — La seconde charte est du même évêque, mais n'a point de date; on suppose qu'elle doit être environ de l'an 925. Elle est ainsi analysée dans le Sommier de Bouxières: « Sans date. Lettres de saint Gauzlin par lesquelles il déclare que le primicier de son église, Angelramne, et son » neveu Hardouin, ont donné à Dieu, à la Sainte-Vierge, » à saint Etienne et aux chanoines de Toul, ce qui leur » appartenait dans le Saintois, savoir : à Clérey, deux » manses ou familles de serfs, et au village dit *Escialus*, » de semblables possessions. »

L'intitulé de Dom Hilaire de Puibusque porte : « Charte » de la donation précaire faite par saint Gauzelin à Angelramne et son neveu, leur vie durante, de ce que la » cathédrale de Toul possédait à *Isciacus*. »

Il s'agit dans cette charte, comme dans la première, d'une donation, sous réserve d'usufruit, faite par Angelramne et Hardoinus, probablement un autre de ses neveux.

Sous le rapport géographique, cette seconde charte offre deux problèmes assez difficiles à résoudre. Le lieu qu'on y trouve appelé *Clarevis* est indiqué, dans l'analyse donnée par le Sommier, comme étant le village de Clérey; ce qui semble pouvoir être parfaitement admis. Quant au *comitatus Pontensis*, rien ne fait supposer quel devait en

1. V. *Dictionnaire topographique de la Meurthe,* Paris, imprimerie impériale, 1862.

être le chef-lieu, ni d'où il tirait son nom. Ce chef-lieu ne pourrait être, en se basant sur l'analogie des noms, que Pont-sur-Madon, et il faudrait donner à cette circonscription territoriale une étendue considérable pour que Clérey ait pu y être compris. N'est-il pas probable qu'il y a ici une erreur de copie, et qu'au lieu de *Pontinse* on doit lire *Sanctinse*. Le Sommier dit, en effet, que les biens donnés par Angelramne étaient dans le Saintois, dont Clérey faisait partie, et du doyenné duquel il dépendait encore au siècle dernier.

Pour l'*Isciacus* de la charte, transformé en *Escialus* dans le Sommier, je n'ose rien avancer. Ce dernier le place dans le Saintois avec Clérey; mais la charte ne lui assigne nullement la même situation. Le mot *Isciacus* se traduirait assez naturellement alors par Essey, ou bien, peut-être, en adoptant la version du Sommier, par Xeuilley, et mieux encore par Chaouilley, village qui n'est pas très-éloigné de Clérey, et où l'on sait que l'abbaye de Bouxières avait des possessions.

Mais je m'empresse de dire que ce sont de simples suppositions, données sous toutes réserves, et uniquement dans le but d'appeler sur ce point l'attention des érudits.

III. — L'analyse de la troisième charte est ainsi donnée dans le Sommier : « 976. Diplôme de l'empereur Otton II » par lequel il ordonne la restitution de certains biens » que le chevalier Richard avait enlevés à Ermengarde, » abbesse de Bouxières, savoir : la moitié du bien situé » au lieu dit *Mansionile Berenhardi* ou petite métairie[1]

1. Cette localité avait dû être, en effet, dans l'origine, une métairie ou une habitation de campagne ; mais, à l'époque où fut donné le diplôme d'Otton, elle avait pris certains développements, puisqu'il est fait mention de son église (*excepta ecclesia*).

» de Bérenhard, sur le bord de la Moselle, dans le pays
» Toulois et le comté du Chaumontois, avec ce qui en
» dépend, en serfs de l'un et de l'autre sexe, bois, vignes,
» prés, moulins, terres cultivées et incultes, eaux, cours
» d'eaux, droits d'entrée et de sortie, à l'exception de
» l'église et d'une métairie franche[1]. Il confirme, de plus,
» la donation faite à l'église de Bouxières d'un gagnage à
» Havoldange à Château-Salins[2], qui lui avait été donné
» par Valterus, et la remet en possession dudit gagnage. »

Le sommaire de Dom Puibusque porte seulement : « Diplôme de l'empereur Otton II pour faire restituer à » l'abbaye de Bouxières certains biens qu'un certain Ruo- » deride[3] lui avait enlevés. »

Quatre noms de lieux sont mentionnés dans le diplôme impérial : *Teudonis villa* (Thionville), où était l'empereur lorsque l'abbesse Ermengarde vint se plaindre à lui des spoliations dont son monastère avait été victime ; — *Buxerias* (Bouxières), indiqué, quoique au nominatif, sous une forme accusative qu'on rencontre dans un certain nombre de titres du xe siècle ou antérieurs à cette époque ; — *Mansionile Berenhardi, super ripam Mosellæ fluminis, in pago Tullensi, in comitatu Admontensi ;* — enfin, *Hauvoldingas, in pago Salinensi, in comitatu Dextreio*. Cette dernière localité est facile à reconnaître : c'est Haboudange, situé dans le Saulnois et dans le comté dont le vil-

1. *Mansus indominicatus*, d'après Ducange, voulait dire un domaine que son propriétaire faisait cultiver : « *Mansus dominicatus*, » *indominicatus*, *dominicus*, dicebatur proprius et peculiaris do- » mini mansus, quem dominus ipse excolebat, cujusque fructus perci- » piebat. »

2. Ce sont les mots *in pago Salinensi* auxquels le rédacteur du Sommier a appliqué cette étrange traduction.

3. Je ne sais où le copiste a pris ce nom, qui ne se trouve pas dans le diplôme.

lage actuel de Destry (Moselle) était le chef-lieu[1]. Il n'en est pas de même de la précédente, et je me trouve réduit à émettre des suppositions bien plus vagues encore qu'au sujet d'*Isciacus*.

D'abord, *Mansionile* n'a de correspondant parmi les noms de nos localités situées à peu de distance de la Moselle, que le Ménil-Mitry et Richardménil. La commune de Ménillot, dont la dénomination se rapprocherait davantage de la forme latine indiquée ci-dessus, est environ à six kilomètres de cette rivière, c'est-à-dire beaucoup trop loin pour qu'on puisse lui attribuer les expressions : *super ripam Moselllæ.*

Ménillot était bien dans le pays Toulois, tandis que le Ménil-Mitry appartenait au Saintois, et Richardménil au Chaumontois.

Il y a aussi la cense de Ménil-Saint-Michel, commune de Benney, peu distante de la Moselle, et qui était dans le Saintois, comme le village dont elle dépend.

Enfin, si la position géographique qu'il occupe permettait d'y songer, je citerais Bénaménil, qui reproduit presque littéralement les mots latins *Berenhardi* (par corruption *Bernardi*) *monsionilis.*

D'un autre côté, quel est ce *comitatus Admontensis* dont parle le diplôme, et qui faisait partie du *Tullensis pagus?* Je n'en ai rencontré nulle part le nom, auquel je ne saurais trouver un synonime français. Y aurait-il ici, comme pour le *Pontensis comitatus*, une erreur de copie? je serais tenté de le croire, en m'en référant à l'analyse donnée par le Sommier : on a très-bien pu, en effet, lire *Admontensi* pour *Calmontensi.*

1. V. ce mot dans le *Dictionnaire topographique de la Meurthe.*

Mais une autre difficulté se présente : comment le Chaumontois et le Toulois peuvent-ils se trouver enclavés l'un dans l'autre ?

D'après les notions géographiques admises, le Chaumontois s'étendait depuis les Vosges jusqu'au confluent de la Meurthe et de la Moselle, au-dessus du village de Custines ; le Toulois le bornait à l'ouest et en était séparé par l'immense forêt de Haye : il n'y avait donc pas, si l'on peut s'exprimer ainsi, de contact entre ces deux territoires, surtout si l'on s'en tient à la signification ordinaire du mot *pagus*. Mais il n'en est pas de même si on lui donne le sens plus large qu'il avait quelquefois, et qui correspondait à celui de *civitas*[1], etc. C'est peut-être ainsi qu'il faut interpréter les mots *pagus Tullensis*, qu'on traduirait alors par *civitas Leucorum*, cité que représentait, au xe siècle, le diocèse de Toul, et dans laquelle le Chaumontois était compris. La même signification semble même s'être étendue au mot *comitatus*, puisqu'une bulle d'Innocent II, de l'an 1137, dont je m'occuperai en dernier lieu, place Bouxières *in comitatu Leucorum*.

Cette explication tranche une des deux difficultés que j'ai rencontrées, mais elle ne résout pas l'autre, car il y a loin de Berenhard ou Bernard à Richard, et par conséquent de *Berenhardi mansionile* à Richardménil, dont il n'est parlé dans aucune charte concernant l'abbaye de Bouxières. Je crois donc qu'il n'y a moyen de formuler aucune hypothèse raisonnable, et qu'il est plus prudent et plus sage à la fois de s'abstenir.

IV. — Il n'y a point d'intitulé à la quatrième pièce dans

1. V. *Topographie ecclésiastique de la France*, par M. J. Desnoyers, dans l'*Annuaire de la Société de l'histoire de France*, année 1859, p. 85.

le recueil d'où la copie est tirée ; le Sommier lui donne le suivant : « Environ 1070. Charte de Pibon, évêque de » Toul, lequel, à la prière de Hadvide, abbesse de » Bouxières, confirme la donation faite à cette abbaye par » Hugues et Sophie, son épouse, d'un alleu qui leur ap- » partenait dans ce village, consistant en serfs de l'un et » l'autre sexe, prés, bois, terres cultivées et incultes. »

Le village de Bouxières est seul mentionné dans le corps de cette pièce, sous la forme *Bosseriæ* ou *Bosserius*, en regardant ce mot comme indéclinable ; mais si l'on interroge la liste des témoins, placée à la fin, on y trouve quelques noms à relever ; ce sont ceux de *Walterus, Nanceiatensis villicus ; — Amalwinus de Campemulis ; — Olardus de Lusde; — Gerardus de Hasmaia ; — Richardus de Morciaco.*

On peut, je crois, sans être accusé de forcer les attributions, facilement reconnaître ici des localités de notre département, dont l'orthographe a été légèrement altérée par le copiste. Ainsi, au lieu de *Morciaco*, je lirais *Moreiaco* ; pour *Hasmaia*, dont les dernières lettres doivent être surmontées d'une abréviation dans la charte originale, je lirais *Hasmancia,* et à la place de *Campemulis*, *Campeniulis*, dont l'*i* a dû être pris pour un jambage de l'*m* ; et je traduirais ces noms de la manière suivante : Richard de Morey, Gérard d'Amance, Amalwinus de Champigneules.

Quant au mot *Lusde,* il ne saurait soulever un doute : c'est bien certainement Ludres.

Enfin, l'adjectif *Nanceiatensis*, qui accompagne la qualification de *villicus,* donnée à Vauthier ou Gauthier, le premier des témoins, me semble signifier : *de Nancy*, et je puiserais hardiment, dans cette attribution, un nouvel argument en faveur de la thèse que j'ai soutenue autrefois : à savoir, que c'est bien cette ville qu'on trouve mentionnée, sous le nom de *Nanceiacum*, dans un diplôme de l'an 896 pour le prieuré de Salone[1]. Dans des titres postérieurs, sur l'application desquels il n'y a point d'incertitude, on rencontre les mêmes formes, qui s'étaient conservées encore au XIIe siècle[2].

V. — La dernière charte qui me reste à examiner est un vidimus, de l'an 1450, d'une bulle d'Innocent II, de 1137, portant confirmation des biens de l'abbaye de Bouxières.

La plupart des noms qui y sont mentionnés se reconnaissent aisément; ce sont : Bouxières qui, comme je viens de le faire remarquer, est indiqué *in comitatu Leucorum ;* Liverdun et Saizerais, dans le comté de Scarpone ; Pompey, Rosières-en-Haye, la chapelle de Saint-Dizier, à Boudonville ; Blanzey, Dommarie, Sexey-les-Bois, Villers-en-Haye, Aingeray, Gironville, dans le comté du Bédois (ou de Void), sur la Meuse ; le mont Barine, près de Toul ; l'église paroissiale de Saint-Martin, à Bouxières ; Saint-Remimont, dans le Saintois ; Pixerécourt, Mirecourt, Bezange, Sotzeling et Chenevières.

Il n'y a de difficulté que pour la traduction des passages suivants : *dimidiam ecclesiam in Torreovilla ; — apud Ariarium terras ; — predium in Woldesingesvilla ; — predium quot dedit Haveringuillarus,... situm in comitatu Hornensi ; — predium in Lusiaco villa.*

1. V. *Recherches sur l'origine et les premiers temps de Nancy*, Nancy, L. Wiener, 1856. — *Bulletins de la Société d'Archéologie*, VIe vol.

2. V. le *Dictionnaire topographique de la Meurthe.*

D'après un titre de 1140, rappelé seulement dans un ancien inventaire de l'abbaye de Bouxières, celle-ci possédait les deux quartiers de Thorey, que lui avait donnés une dame de Vaudémont, nommée Aia. Thorey peut bien être la *villa Torreum* de la charte de 1137, d'autant plus que, d'après le Pouillé du diocèse de Toul, le chapitre de Bouxières était décimateur dans ce lieu pour une part.

Quant à la localité appelée *Ariarium*, n'est-il pas permis de supposer qu'elle est identique avec celle qui est désignée, sous le nom d'*Aciacum*, dans un diplôme de l'empereur Otton II, de l'an 960, dont j'ai donné le texte à la suite de ma notice sur Bouxières[1] ; et ce nom ne serait-il pas celui du village d'Essey-lès-Nancy? Cette attribution me semble assez admissible.

Le même diplôme mentionne également *Woldesinguesilla*, au lieu de *Woldesingesvilla* de la copie que j'examine, mais sans indiquer la situation de ce domaine, au nom duquel je n'ai pu trouver de dénomination moderne correspondante.

Il en est de même pour le *predium* donné par Haveringuillarus, et qu'un diplôme de 965, imprimé dans Dom Calmet, appelle *Haveringivilla*, situé dans l'Ornois, c'est-à-dire aux environs de Gondrecourt.

Reste la *villa Lusiacus* ou *Lusciacus*, d'après le diplôme ci-dessus. Serait-ce Lucey ou Lucy, ou bien plutôt, en laissant subsister la terminaison *villa*, une localité dont le nom aurait la même désinence? Il n'y en a qu'une qui, d'après d'autres titres de Bouxières, pourrait avoir quelque analogie avec celle dont il est ici question : c'est Bosserville, appelé *Losseivilla* en 1136, et où l'abbaye possédait des biens.

1. Il se trouve également dans un diplôme de 965, publié par Dom Calmet.

Les observations qui précèdent, et que m'a suggérées l'examen des diplômes dont la copie se conserve à la Bibliothèque impériale, font voir l'intérêt que présentent les chartes pour l'étude de la géographie locale. C'est à l'aide de ces documents, rapprochés des découvertes faites à diverses époques, et des dénominations que les cantons du territoire des communes ont conservées, que l'on arriverait à connaître la topographie ancienne du pays, non plus seulement d'après les assertions, quelquefois hasardées, de certains archéologues, mais d'après des monuments authentiques et parfaitement dignes de foi.

Voici le texte des chartes de Bouxières.

I[1].

An 923.

Charte de la donation précaire que fait saint Gauzelin, évêque de Toul, à Angelramne et à Hunon, son neveu, de l'église de Sazeray, leur vie durante, moyennant un cens de 12 deniers.

In nomine domini nostri Jesu Christi, Gauzelinus[2], sanctæ Tullensis ecclesiæ humilis episcopus. Cognoscant omnes sanctæ Dei Ecclesiæ filii ac fideles, presentes, scilicet, atque futuri, qualiter quidam archidiaconus noster, Angelramnus, dedit nobis, ad partem ecclesiæ nostræ, sanctæ Dei genitricis Mariæ, necnon sancti Stephani, protomartyris Christi, scilicet, honore dicatam, res proprietatis suæ : hoc est, in pago et comitatu Calmontinse, in villa quæ vocatur Portus, super fluvium qui dicitur Mortus, mansos duos, cum edificiis et terra ad eosdem mansos aspiciente ; jornales centum ; prata ad carros duodecim ; silvam peccoralem ; mancipia decem et septem, quorum hæc sunt

1. Collection Moreau, tome IV, f° 104.

2. Il doit y avoir *Gauzlinus,* comme à la fin de la pièce.

nomina : Eldierum, Fruoricum, Adelricum, Evorincum, Lupum, Ermingisum, Lisimum, Theudirde, Gislierde, Aiudium, Plectrude, Hiturdum, Adegrinum et uxorem ejus cum filiis, Adelmundum et uxorem ejus. Et per cartulam testamenti affirmavit. Postea vero sua fuit petitio, et nostrum assensum prebuit benevolentia ut cum ipsas res quas dedit, quamque ecclesiam in honore sancti Amandi consecratam, quæ est in villa Sasiriaca, de ratione præfatæ ecclesiæ sanctæ Mariæ et sancti Stephani, cum mancipiis ibidem residentibus, his nominibus : Mainnadum, Abbonem, Mariam, Heldiardem, Adelbodum et uxorem ejus, cum infantibus tribus; Theudbodum, Erulphum et uxorem ejus ; Huunum et uxorem ejus, cum liberis tribus ; Maguoidum et uxorem ejus ; Eristianum, Adhelardum, Ledinum, Edinum et uxorem ejus, Isengardum : ei beneficii jure donaremus ; quod ita et fecimus; in ea utique ratione ut quandiu ipse Angelramnus et nepos ejus Huno vixerint, præfatam ecclesiam, cum mancipiis jam dictis, per beneficium nostrum, sub usu fructuario, more precario, quieto ordine, valeant habere, excolere ac fructum terræ percipere atque jure legitimo uti ; et nullam habeant potestatem quicquam exinde minuendi aut abalienandi ; sic quicquid ibidem addere, augmentare et ameliorare potuerint, proficere non omittant ; et censu proinde, annis singulis, in festivitate sancti Stephani, de argento, scilicet, denarios duodecim persolvere studeant. Et si de ipso censu tardi aut negligentes aparuerint, cum legis sanctione illud restituant ; sed eorum precariam minime perdant. Post decessum quoque ipsorum, quando quidem Deus voluerit, ipsæ res omnes, datæ, scilicet, et acceptæ, amelioratæ, et cum omni superposito, absque alicujus contradictione et judicis adsignatione, ad partem sancti Stephani omnimodi, revertantur.

Gauzlinus, episcopus. Angelramnus, primicerius. † Haidulphis, decanus. † Abdo, archiclavis. † Barenordi, archidiaconi. † Berla, sacer. † Ado, cantor. † Johannes. † Hardocrus. † Aristeus. † Hubert. † Leuther, vice decanus. † Anserus. † Wido. † Hugo. † Ragebertus. † Rotgerius. † Iterum Hugo.

Siricius, ad vicem Agenaldi,
cancellarii, scripsit. (Place du paraphe.)

Datum Tullo, sub die XIII kalendas octobris, anno incarnationis domini nostri Jhesu Christi DCCCC XXIII, anno primo regnante Rodulpho rege; episcopatus autem nostri secundo.

Cette charte, saine et entière, portant 9 pouces 9 lignes de haut sur 18 pouces de large, sans reply, n'y ayant point de sceau pendant. Il n'y a qu'un paraphe placé, comme on le voit, au bout de la signature du chancelier.

Tirée des archives de Bouxières, layette des chartes, liasse 1re. Les lignes de ce titre sont à la distance de 8 lignes l'une de l'autre. Belle écriture caroline, un peu menue.

Je soussigné, destiné à la recherche des chartes et monuments concernant le droit public de la monarchie française, certifie la présente, figurée ainsi qu'il vient d'être dit, tirée du chartrier du chapitre de Bouxières, en Lorraine, conforme à son original, remis audit chartrier, cejourd'huy 24 août 1788.

D. Hilaire de Puibusque, *archiviste.*

II[1].

Vers 925.

Charte de la donation précaire faite par saint Gauzelin, évêque de Toul, à Angelramne et son neveu, leur vie durante, de ce que la cathédrale de Toul possédoit à Isciacus[2].

In nomine sanctæ et individuæ Trinitatis. Gauzlinus,

1. Collection Moreau, tome IV, f° 141.

2. En marge de la copie est écrit : Ces biens ont été donnés à l'église de Bouxières lors de la foudation.

humilis Leuchorum ecclesiæ pontifex. Notum esse volumus omnibus sanctæ Dei Ecclesiæ fidelibus qualiter venerabilis primicerius noster Angelramnus et nepos ipsius Hardoinus, res proprietatis suæ canonicis nostris, Domino, nec non et genitrici ipsius, sanctoque Stephano protomartyri, militantibus, tradiderunt ; scilicet, in comitatu Pontinse, in loco qui vocatur Clarevis, mansos duos ibidem, ubi habentur mancipia quorum hæc sunt nomina : Aiulfus, Hairmundus, Madelbertus, Isembertus, Leodildis, Ara, Ermertrannus, Alcherus, Rageneruś, item Leodildis, Attisma, Amalricus, Armilla ; terras arabiles ubi possunt seminari modii centum quadraginta septem ; ibidem prata ad carradas triginta ; silvam pettoralem (*sic*)..........................
[1]Postea vero, fuit illorum petitio, nostra etiam assensum prebuit benevolentia, ut de rebus prædictorum canonicorum nostrorum, cum consensu illorum omnium, jure precario redderimus in villa quæ dicitur Isciacus..... V, ubi aspiciunt homines XXX, quorum hæc sunt nomina : Airardus, Oraldus, Arembalus, Franierus, Jaudemia, cum infantibus duobus ; Teuthildis, Ladana, Bilseiva, cum infantibus tribus ; Ilfenna, cum infantibus VI ; Valdrada, cum infantibus tribus... (déchiré dans le pli).... et infantibus VI. Dedimus itaque eis supradictas res, eo rationis tenore, ut utrasque, scilicet, datas et acceptas, diebus vitæ suæ, utrique, videlicet et prælibatus primicerius Angelramnus et jam dictus nepos ipsius Hardoinus, usu fructuario teneant atque possideant. Post decessum vero ab hac luce eorum, quando quidem divina decreverit miseratio, utræque res, cum omni integritate et absque ullius contradictione personæ, ad mensam canonicorum jam

1. Cette partie est restée en blanc, comme plus bas.

sæpe dictorum revertantur. Et ut hoc verius credatur et diligentius observetur, hanc eis cartulam, precario more editam, fieri præcepimus, quam manu propria subter firmantes, manibus etiam canonicorum nostrorum, qui hanc præcariam unanimiter consenserunt, nec non et nobilium laicorum roborari fecerunt.

† P Gauzelini episcopi.

Les autres signatures, au nombre de plus de soixante, sont presque entièrement effacées. Sans date ni sceau, ni repli par conséquent, ni paraphe.

Cette charte est en vélin, haute de 17 pouces et large de 11 et demi. La première ligne de lettres allongées; les autres d'une belle caroline; étant mangée en quatre endroits de la largeur de quatre ou cinq lignes en chacun. La date est à peu près la même que la précédente, puisque ce sont les mêmes donateur et donataires.

Tiré de l'archive de Bouxières, layette des chartes, liasse 1re.

Je soussigné, destiné à la recherche des chartres et monuments concernant le droit public et l'histoire de la monarchie française, certifie la présente, figurée ainsi qu'il vient d'être dit, tirée du chartrier du chapitre, conforme à son original, remis audit chartrier, cejourd'huy 24 août 1788.

D. Hilaire de Puibusque, *archiviste.*

III[1].

An 976.

Diplôme de l'empereur Otton II, pour faire restituer à l'abbaye de Bouxières certains biens qu'un certain Ruoderide lui avoit enlevés.

In nomine sanctæ et individuæ Trinitatis. Otto, divina favente clementia, imperator Augustus. Si aliquid terrenæ commoditatis vel loca sanctorum in usu religiosorum Deo

1. Collection Moreau, tome XI, f° 193.

famulantium conferimus, moram pii patris præcedentiumque imperatorum tenemus et animæ utique nostræ in futuro salutem providemus. Quapropter notum esse volumus omnibus sanctæ Dei Ecclesiæ fidelibus, tam præsentibus, scilicet, quam futuris, qualiter, nobis apud Teudonis villam consistentibus, nostram celsitudinem adierit venerabilis abbatissa, nomine Ermengartis, cœnobii sanctæ Dei genitricis Mariæ quod vocatur Buxerias, interventu, videlicet, nostræ dilectæ conjugis æque imperatricis Theveanæ, suggerente quoque Friderico duce nostro, querimoniam, proclamando, faciens de quodam prædio quod videbatur habere in loco qui Mansionile Berenhardi dicitur, situm super ripam Mosellæ fluminis, in pago Tuliensi, in comitatu Admontensi, excepta ecclesia et manso indominicato. Quod, videlicet, prædium Richardus quidam, miles, ab eodem loco violenter postea abstulerit. Cujus petitionem nos quoque, imperiali clementia benigniter suscipientes, hoc idem prædium sacro loco inique ablatum restitui jussimus; atque, imperialis autoritate præcepti, a matre abbatissa prædicti loci et sacris virginibus, pro salute nostri imperii piique nostri genitoris animæ remedio, tenendum ac possidendum, in perpetuum decrevimus, cum mancipiis utriusque sexus, cum silvis, vineis, pratis, molendinis, terris cultis et incultis, aquis aquarumque decursibus, exitibus et regressibus, et quidquid ad medietatem prædicti prædii respicit; excepta ecclesia et manso indominicato quam prædiximus. Similiter etiam prædium illud restituimus quod Walterus eidem loco tradidit, annuente fratre ejus Adalhardo, quod vocatur Hauvoldingas, situm in pago Salinensi, in comitatu Dextreio, cum ejus omnibus appendiciis. Ut autem hoc nostræ constitutionis decretum, per succedentia tempora, inviolabiliter conservetur, annulo nostro infra signavimus manuque nostra corroboravimus.

Signum domini Ottonis

imperatoris Augusti[1].

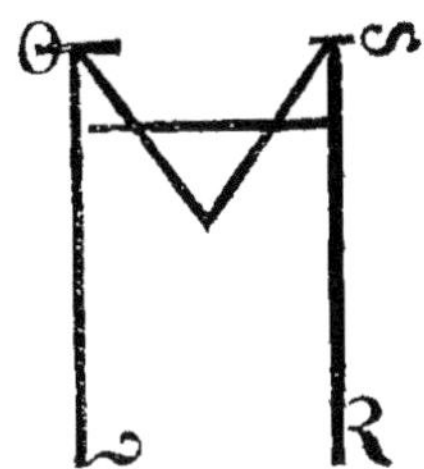

Egbertus, cancellarius, ad vicem Villigisi Urelli, capellani notarii.

[2] Data VI idus maii, anno dominice incarnationis DCCCCLXXVI, indictione V, anno vero regni domini Ottonis XVI, imperii X. Actum Thietenscora (*sic*).

Ce diplôme a 16 pouces de haut sur 20 de large, d'un beau vélin, sain et entier. Bonne écriture du siècle. Les lignes distantes les unes des autres de 11 lignes. Le sceau en placard, perdu. Le repli large de 20 lignes.

Tiré de l'archive des dames de Bouxières, layette des chartes, liasse 2e.

(Attestation de D. Hilaire de Puibusque, comme dans les autres copies.)

IV[3].

Environ 1070.

In nomine Patris et Filii et Spiritus Sancti. Ego Pibo, gratia Dei, Leuchorum sedis episcopus. Cum æternæ sit retributionis elemosinariæ largitatis exhibitio, constat, procul dubio, divini esse respectus quotiens ad hoc opus bonum fidelis animi accenditur intentio, nos quoque, in

1. Ces deux lignes n'en font qu'une. Le sceau est à la suite.
2. Dans le repli, d'une seule ligne.
3. Collection Moreau, t. XXX, fo 78.

die Domini, operibus tantæ pietatis insistentibus, non immerito, nos fore participes credimus, si, pro possibilitate nostra et autoritate a Deo nobis collata, eisdem factores et cooperatores existimus. Unde notum esse volumus cunctis nostræ ecclesiæ fidelibus, tam præsentibus quam futuris, quod Hugo, fidelis laicus, allodium quod a progenitoribus suis, apud Bosserias, jure hereditario sibi contigerat, quodque ejus uxor, Sophia nomine, in dotalicio tenebat, cum ipsa sua conjuge, Deo atque cœnobio sanctæ Dei genitricis Mariæ, gloria et honore venerando, contulerit, atque utique suarum animarum....... providentes, coram laudabilibus, tam clericorum quam laicorum, ad usum sanctimonialium inibi Deo servientium, in jus et possessionem ipsius ecclesiæ, legali donatione tradiderunt; videlicet, quidquid possidere videbantur in servis et ancillis, pratis et silvis, terris cultis et incultis. Igitur Deo digna Hawidis, prædicti cœnobii abbatissa, nostram adiit præsentiam, obsecrantes nostram autoritatem corroborari factam suæ ecclesiæ elemosinam. Nos autem, huic bono operi congratulantes, Deique gratiam glorificantes, laudamus et confirmamus memoratam donationem, vel potius oblationem ; obtestantes, ex divino nomine, omnem temerariorum audaciam ne quis ulterius præsumat exinde eidem ecclesiæ ullam calumniæ vel contradictionis inferre molestiam. Quod si quisquam præsumpserit, omnipotentis Dei sanctæque virginis matris, atque omnium sanctorum virtute, nostraque autoritate, æterno percussus anathemate intereat, atque in extremo judicio in igne diabolo ejusque angelis parato, cum eisdem, sortem habeat. Ut ergo pia prædictorum fidelium traditio, nostræque autoritatis cooperatio potiorem, in Dei nomine, vigorem obtineat, hanc exinde cartam fieri mandavimus, nostrique sigilli impressione firmatam testibus subterscriptis signandam tradidimus.

Extiterunt namque testes : Berengarius et Hermannus, prædictæ capellani abbatissæ; domnus Ubinus Archibertus, Johannesque filius ejus, presbiter; Johannes qui, eo tempore, villicabat Buxerias ; Reimbaldusque judex. Interfuerunt complures præterea, tam nobiles quam ignobiles, qui, bonitate sua et Deo dignæ Hadwidis abbatissæ gratia, ad corroborationem tantæ donationis convenerant, videlicet : Walterus, Nanceiatensis villicus ; Amalwinus de Campemulis, cum tribus suis filiis, scilicet : Warnerio, Rodulfo, Tiellade, qui Paganus appellabatur; Olardusque de Lusde; Johannes nobilis et Gerardus de Hasmaia, Durandusque, germanus suus ; Richardus de Morciaco ; Hilbertus de Losgart ; Rofridus et Theodoricus, filii Rofridi de Villa[1] ; nec non et Heinricus de Sancto-Vedasto, germanus prædictæ abbatissæ ; præterea multi alii probi viri, quorum, ob prolixitatis tædium, hac charta inscribere nolumus vocabula. Rege Dei gratia Carlone regnante ; Theodorico comite vivente ; domno Richuino, primicerio ; domno Stephano, archidiacono ; Pibone, venerabili Leuchorum episcopo, hæc gesta sunt.

Cette charte, en parchemin un peu endommagée en deux endroits, est haute de 8 pouces 4 lignes, large de 12 pouces. Sans date, ni sceau, ni repli de l'écriture. Capétienne du XIe siècle. Le sceau perdu.

(Attestation de D. Hilaire de Puibusque.)

---

1. Je n'ai pas cherché, dans le commentaire de cette pièce, à interpréter ce nom, parce qu'il peut s'appliquer à plusieurs localités qui portent la même dénomination.

V[1].

An 1137. — Vidimus de l'an 1450.

Confirmation des biens de l'abbaye de Bouxières faite par le pape [*Innocent II*].

In nomine Domini. Amen. Universis et singulis Christi fidelibus presentes litteras seu presens transsumptum et exemplatum visuris, lecturis et audituris, officialis curie Tullensis, salutem in Domino et presentibus fidem indubiam adhibere, ad vestram et cujuslibet vestrum notitiam deducimus deducique volumus, per presentes, ex anno a nativitatis ejusdem Domini millesimo quadringentesimo quinquagesimo; indictione tertia decima; die vero vicesima mensis februarii; pontificatus sanctissimi in Christo patris et domini nostri, domini Nicolai, divina providentia pape quinti, anno tertio. Comparuit in judicio Tulli, coram nobis, officiali curie Tullensi prefato, in dicta curia, hora causarum, mane, consueto loco nostro solito ad jura reddenda, pro tribunali sedenti, honorabilis vir Guydo Jaquemini Groleti, Tullensis clericus, curie nostre notarius juratus, pro et nomine venerabilium et religiosarum dominarum abbatisse et conventus monasterii Sancte-Marie de Buxeriis, ordinis sancti Benedicti, Tullensis diocesis, tenens in suis manibus bullas, sive litteras apostolicas felicis recordationis domini Innocentis, pape secundi; ejus vero bulla plumbea, et cordula sericea rubei coloris impendenti, more romane curie, bullatas, non viciatas, non cancellatas, nec in aliqua sui parte suspectas; sed omni prorsus vicio et suspicione carentes. Ipse siquidem Guydo, quo supra nomine, dictas litteras coram nobis presentavit

1. Collection Moreau, t. LVII, f° 98.

et exhibuit, dicens, quod illarum exhibitio, in pluribus et diversis locis erat et est eisdem venerabilibus et religiosis dominabus quam plurimum notitia ; que tamen littere, propter viarum pericula et locorum distantias, non valent ad eadem loca deferri ; quapropter nobis supplicavit idem Guydo, dicto nomine, quatenus easdem litteras per aliquem publicum et dicte curie nostre fidelem notarium transcribi et exemplari, ac inde transsumptum sive transcriptum, cum nostri interpositione decreti, sibi fieri ac se subscribi faceremus et mandaremus. Nos igitur, officialis prefatus, volentes in hujusmodi negotio mature procedere, dictas bullas sive litteras apostolicas visitavimus et palpavimus diligenter; quas reperimus ita fuisse et esse roboratas, prout superius dictum est ; idcirco illius firmius per venerabilem virum dominum Gerardum, ecclesie Tullensis presbiterum, curatum parochialis ecclesie de Castris super Mosellam[1], Tullensis prefati diocesis publicum, apostolica et imperiali autoritatibus, et dicte curie nostre notarium juratum ibidem, presentem extrahi, transsumi, transcribi et exemplari, ac illarum tenorem presenti transsumpto sive transcripto inseri, qui talis est :

Innocentius, episcopus, servus servorum Dei, dilecte in Christo filie Ode, abbatisse monasterii sancte Dei genitricis Marie, quod est situm in comitatu Leucorum, in villa que dicitur Buxeriis, ejusdem sororibus, tam presentibus quam futuris, in perpetuum. Quatinus illud a nobis petitur quod rationi et honestati convenire cognoscitur, animo nos decet libenti concedere et petentium desideriis congruum impertiri suffragium, ut fidelis devotio celerem sortiatur effectum. Ideoque, dilecte in Domino filie, vestris petitio–

1. Châtel-sur-Moselle

nibus clementer annuimus, et monasterium beate Dei genitricis Marie, in quo divino vacatis servitio, presentis scripti pagine communimus, statuentes ut quascumque possessiones, quecumque bona idem cenobium presentiarum juste et canonice possidet, aut in futurum, concessione pontificum, largitione regum vel principum, oblatione fidelium, seu aliis justis modis, propitiante Domino, poterit adipisci, firma vobis et illibata in perpetuum permaneant. In quibus et propriis duximus exprimende voluntatis : in comitatu, scilicet, Scarponensi, ecclesiam Leverdunensem, cum omnibus ad eam pertinentibus, tam in terris, quam in pratis, vineis et mancipiis utriusque sexus ; in eodem comitatu, ecclesiam in villa de Sesariaco, cum quadam vinea et quicquid ad eam pertinet ; insuper ex dono Gerardi, episcopi, in villa Pompania, ecclesiam ville que dicitur Rosariis ; et in ipsa villa octo mansos et dimidiam ecclesiam de Torreovilla et capellam Sancti-Desiderii in Bodonis villa ; capellam de Blansiaco, ecclesiam quoque de Domna Maria, cum quatuor mansis terre et dimidio, et unam sortem sitam in Sirceio et unum mansum in Villare; similiter ecclesiam in villa Angeliaco ; preterea, ex dono Berhardi, primicerii, ecclesiam quandam in Girunnivilla, in comitatu Bedensi, super fluvium Mosam, quam emit ab Othberto, et quicquid ad eam pertinet, cum quadam vinea in Monte Barisno sita, in comitatu Tullensi ; vineam quoque quam Albericus, capellanus, per manum tuam, dilecta in Christo filia Odda, nuper Buxeriensi cenobio reddidit ; nec non ecclesiam Sancti-Martini, cum sua integritate et omnibus que in eadem villa de Buxeriis, ecclesia Sancti-Stephani, temporibus Gauzelini, episcopi Tullensis, habebat monasterio vestro collatam, quemadmodum predecessoris nostri bone memorie Stephani pape, sanctionibus noscitur institutum ; ecclesiam Sancti-Remigii, in comitatu Sanctensi, a Gerburga, Framberti filia, vobis collatam, cum terris, pratis et omnibus eidem pertinentibus ; apud Ariarium, terras, prata, vineas, cum servientibus utriusque sexus, a Framberto, pro filiabus suis Emma, Erdredrade, ecclesie vestre concessa ; predium quoque a Guillelmo, quondam, nobili viro, vobis datum, cum terris, pratis et una vinea et servientibus utriusque sexus ; et quoddam farinarium et omnia que Heredo, presbiter, in villa Buxeriensi possedit ; preterea predium quod Hersendis dedit in Portiriaci curte ; predium vero quod dedit in Murici curte ; predium quod dedit in villa Besangia ; mansum cum vinea quod dedit Hademarus in comitatu Salnensi ; predium etiam quod dedit Gualterus in Voldesingesvilla ; predium quod dedit Haveringuillarus a Teutberto, comite, pro sepultura uxoris Judite et oblatione filie sue Rothildis, vobis collatum, situm in comitatu Hornensi, cum omnibus ad eam pertinentibus, cum pratis, silvis, pascuis, terris cultis et incultis, mancipiis utriusque sexus ; duos mansos, cum vineis et terris, in loco qui dicitur Sutsolingas, et medietatem allodii in loco qui dicitur Canaverias, que Erricus et uxor ejus vobis dederint, cum pratis, silvis, terris cultis et incultis ; predium quoque quod dedit Stephanus in Lusiaco villa. Obsecrante vero te, ejusdem loci abbatissa, nulla ibi qualiter subreptionis astucia seu violentie preponatur, nisi quam sorores ejusdem monasterii communi assensu, aut pars senioris consilii, secundum Dei timorem et beati Benedicti regulam, providerint eligendam. Nulli ergo omnino hominum liceat predictam beate Dei genitricis ecclesiam temere perturbare, aut ejus possessiones auferre, vel ablatas retinere, minuere, seu quibuslibet molestiis fatiguare, et damna integra confundentur vestris, dilecte in Christo filie, usibus omnimodis profutura. Si qua igitur ecclesiastica secularisve persona, hanc nostre institutionis sciens, contra eam temere venire temptaverit, secundo tertiove commonita, nisi reatum satisfactione congrua emendaverit, potestatis honorisque sui dignitate careat, reamque se divino judicio existere de perpetrata iniquitate cognoscat; et a sacratissimo corpore et sanguine Dei ac domini nostri Jesu Christi aliena sit, atque in extremo examine districte ultioni subjaceat. Cunctis autem eidem loco sua jura servantibus sit pax domini nostri Jesu Christi, quatenus et hic fructum bone actionis percipiat, et apud districtum judicem premia pacis inveniat. Amen. Amen. Amen.

Locus sigilli.

Ego Innocentius, catholice ecclesie episcopus subscripsi.

† Ego Drogo, Ostiensis episcopus, subscripsi. † Ego Crisogonus, diaconus, cardinalis Sancte-Marie in Porticu, subscripsi.

† Ego Lucas, presbiter cardinalis sanctorum Johannis et Pauli, subscripsi.

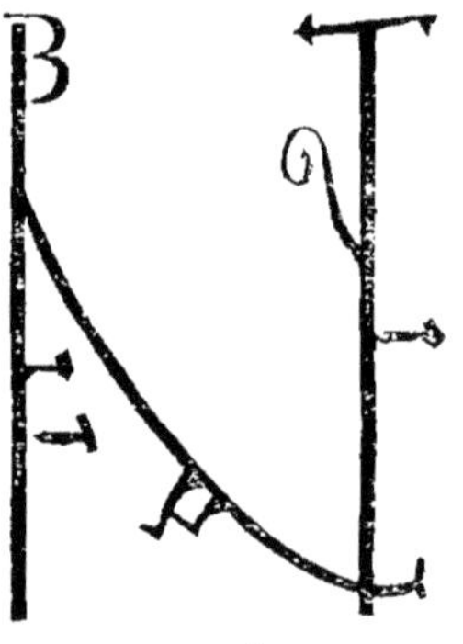

Ego diaconus cardinalis Sancte-Marie ad velum aureum, subscripsi.

Babinus, presbiter cardinalis, titulo Sancte-Marie.... ...., subscripsi.

Datum Viterbi, per manum Immeriy, sancte romane ecclesie diaconi, cardinalis et cancellarii, XVI kalendas maii; indictione XIIII; incarnationis divine M° C° XXX° VII°, pontificatus vero domini Innocentis pape II anno VIII°.

Litteris autem ante dictis; modis et forma predicta, de mandato nostro, per dictum notarium publicum supra et infra scriptum extractis, transsumptis, transcriptis et fideliter una nobiscum collationatis, quia reperimus presens transsumptum sive transcriptum cum dictis bullis, sive litteris apostolicis, nihil addito nihilque remoto, concordare; idcirco, ad predicti Guidonis, quo supra nomine, postulanti instantiam, decrevimus et decernimus, in his scriptis, presenti transsumpto signo publico et subscriptione ejusdem notarii, de mandato nostro roborato, fidem indubiam in judicio et extra adhibendum fore et adhiberi debere, quemadmodum originalibus litteris adhiberetur et adhiberi deberet, si originaliter proderentur (*sic*); autoritatem nostram judicialem et ordinariam minime interponentes, pariter et decretum. In quorum premissorum testimonium, sigillum dicte curie Tullensis, una cum sigillo nostro cereo, ac signo publico et subscriptione dicti notarii publici, presentibus litteris duximus apponendum. Acta sunt hec sub anno, indictione, die, mense, hora, loco et pontificatu predictis. Presentibus ibidem honorabilibus viris : Johanne Forgeti de Sendaucuria ; Arnulpho Joffredi de Gondrecuria ; Dacide Fabri et Bertrando Godeti, dicte curie nostre notariis juratis, testibus ad premissa vocatis specialiter et rogatis.

Et quia ego Gerardus, ecclesie Tullensis presbiter ac rector ecclesie parochialis de Morivilla et Castris, Tullensis diocesis, publicos, apostolicos et imperiali autoritatibus et curiarum ecclesiasticarum Tullensis notarius, predictarum litterarum apostolicarum exhibitioni, illarum que transsumpti, petitioni et decreto, ceterisque omnibus et singulis premissis, dum sic ut permittitur, per eundem dominum officialem Tullensem et coram, et peteretur et decerneretur, presens una cum prenominatis testibus fui, easdemque litteras apostolicas, de mandato ejusdem domini officialis, transcripsi et in hanc formam transsumpsi. Et quia collationate diligenter per me fuerint reperi presentem transsumptum una cum eisdem originalibus litteris omnino concordare. Idcirco eidem transsumpto sive exemplato alia manu fideliter scripto, una cum cerei signeti decreti domini officialis curie Tullensis prefati, ac sigilli ejusdem curie appensione, signum meum publicum hic me subscribendo de simili manibus apposui, requisitus super hoc specialiter et rogatus.

Cette charte, en parchemin sain et entier, a 15 pouces 1/2 de haut sur 14 de large. Le repli est de 2 pouces. Le sceau perdu.

Tiré de l'archive du chapitre de Bouxières, layette des chartes, liasse seconde.

(Attestation de D. Hilaire de Puibusque.)

Nancy, imp. de A. Lepage, Grande-Rue (Ville-Vieille), 14.

www.ingramcontent.com/pod-product-compliance
Ingram Content Group UK Ltd.
Pitfield, Milton Keynes, MK11 3LW, UK
UKHW020406250726
13967UKWH00006B/2495